일렁이는 섬

김학명 시인은 2021년 ≪리토피아≫로 등단했으며, 시집으로 『섬, 섬, 섬, 그 섬들은』이 있다. 막비시동인으로 활동 중이다.

e메일 : khma118@naver.com

리토피아포에지 · 155
일렁이는 섬

인쇄 2023. 12. 20 발행 2023. 12. 25
지은이 김학명 펴낸이 정기옥
펴낸곳 리토피아
출판등록 2006. 6. 15. 제2006-12호
주소 21315 인천시 부평구 평천로255번길 13, 903호
전화 032-883-5356 전송032-891-5356
홈페이지 www.litopia21.com 전자우편 litopia@hanmail.net

ISBN-978-89-6412-***-* 03810
값 14,000원

김학명 시집

일렁이는 섬

LITERATURE & UTOPIA

시인의 말

모든 사물에는 시의 눈이 있다.
그 눈 속으로
한 걸음 더 들어가 보려고 시를 쓴다.

몽념 바닷가로 걸어나온 커다란 바다거북 한 마리,
며칠 동안 파리한 햇빛만 받아 마시고는 사라졌다.

파도 속에 일렁이던 섬의 물결 무늬는
아직도 거북등에 남아 있으려나.

두 번째 시집이 나오기까지 도움을 주신
모든 분들께 한가득 심어 드리옵니다.

2023년 9월
김 학 명

차례

제1부

제2부

제3부

제4부

| 제1부 |

잘포리 홍매화

찬 바람의 그늘 지나고 볽닥한 봄 그림자가
수우도와 사량도 곁으로 하나둘씩 모여들면

신수도 잘포리 언덕배기 양지바른 그곳에는
홍매화 방울방울 웃고 산 아지랑이 가득하네

봄날의 정취는 누구나 가슴속 그리움 파내어
봉오리 하나 가득 피어나게 하려는 것이지요

꽃이 좋지요

신수도 섬 불모의 벼랑끝
한 자락 땅을 불하받아 꽃을 심으려 하니
씰데없는 짓 하지 마라
거가 꽃이 살 데가 절대 못 된다 아이가
거 뭐헌다고 하는 긴데
그 시간에 고메심을 밭이나 메지
군소리 없이 심어놓고 나니
움마야 예삐다 이리 곱을 줄 누가 알았나
참 좋다야 잘 했고마, 이기 무신 꽃이고
튜립이라 안캅미까 내년에 또 핍미다
그래 니 욕봤다 아이가
앞으로 못 씨는 땅에 삥둘러가 심어 봐라 마
꽃이 좋기는 좋은가 봅니다
섬 할마시들 맴도 녹이고

흰민들레김치

고웁게고웁게 피어 날아서 온다
흰민들레 홀씨 하나
앉을 자리 잘 가려볼 수도 없었지만
갱물 바람 따라 날아서 왔다
남해 창선도에서 날아온 홀씨 하나
신수도 동쪽골에 여섯 홀씨 꽃피워내고
육지로 까분지기 날아간 여섯 홀씨
큰 선창 도선머리 하몬재나
기다리고 기다려도
한 달에 한두 번 올까 말까
아들이 잘 묵는다꼬
갈퀴손에 주물러둔 흰민들레김치 한 통
쓻디쓻아도 익어간다
움마 니가 꽃이다 흰민들레

산괴불주머니꽃

야뜨막한 언덕
무심한 발걸음 한 발짝 두 발짝
조금은 가쁜 숨 쉬어가는
그러한 야산을 오르며, 돌짝밭
어귀에서 반짝이는 너를 보았네

노오란 사랑속주머니 매달고선
야릇한 꿈틀거림에 애달아 오르는
매력적 향기를 발하며
나를 보고 가세요 그냥 가시면 안 되요
내게 달린 음율에 노래 한 절 불러봐요

예전엔 그냥 꽃이다 그랬었는데
이제야 밝히도 보여오는 이 연노랑 사랑스러움
작고 앙증한 마음으로 다가온 산괴불주머니꽃

가던 걸음 멈추고는 너를 본다
사랑한다, 눈떠오는 날

찔레꽃

찌르레니 아파온다
가시보다 더 참혹한 한마디 말의 비수
너를 안고 태어난 이 땅의 전설에 누레지고
파르레한 꽃씨 하나 마음 깊이 묻어두니
님을 향한 정성은 눈같이 흰 순백이라
한 잎 더 슬픈 찔레꽃

항적

기나긴 꼬랑지 휘날리며
시간의 물결 사이로 달려간다
오늘 그대가 걷는 길섶
어디에서나 한땀 한땀 모두가 항적이리니
뒤돌아보질 말고 앞으로앞으로
세세한 것에 뒤뚱거리지 말고
큰 꿈의 스크류를 휘돌려
하루 또 하루 힘차게 뿜어 올려라
삶이 그대를 속일지라도*
살아가는 손길 하나하나에
꽃 한 송이 못 피우랴

* 푸쉬킨의 시.

빗방울 소리 듣는

흐린 날 오후 양평 두물머리 연못가에 서니
후두둑후두둑 빗방울 듣는 소리에
붉은 연꽃 얼굴 같은
마음속 울림 하나 피어 오른다
세상사 모두 한결같지 못하지만
변함없이 찾아오는 밝은 웃음
환한 미소 하나 그려보게 하는
너의 모습이 고맙구나
옛 역사를 타고 아득히도 멀리서 온 꽃이여
그 먼 거리만큼이나 꽃의 마음
닮아갈 우주의 시간은 언제쯤일려나

무화과

꽃도 없이 열리는 너는
봉긋한 젖무덤 붉은 꼭지 하나 오롯하다
두꺼운 이파리 사이로 언뜻언뜻
비쳐오던 수줍은 얼굴엔
녹진한 욕망 침 넘어가는 소리만 들리고
오돌한 감촉의 젖꼭대기* 하나 입에 물면
아련한 추억의 끝자락 여름은 그렇게 가니
혓바늘 돋아나던 입술에 밀려오던 그 느낌
첫 키스의 까끌한 그날……

* 삼천포에서는 젖꼭대기라 부름.

용정차 한 통

선물로 받은 용정차 한 통 차 향기 그윽하다
주전자에 물 넣고 끓여서 우려내면

정미호예국음명차 다경, 심경, 의경
한 잔의 차에도 마음의 다함이 있으니

초의와 다산과 추사의 차를 통한 우정은
지금 우리가 본받을 만하여라

이무기 구덕

보리타작 끝나고
고메 심을 준비가 한창이던 신수도

몽넘 아래 밭에 소가 빠졌단다, 야, 우찌하다가
고메 심을라꼬 쟁기로 북을 쳐가는데
각중에 소가 앞으로 쳐박킷다카네
소는 꺼냈다카더나
하모 엄치 소가 무거버서 제우 땡겼다더라

아아들은 고 가몬 안 되는기라
할머니의 주의사항 귓등으로 듣고
해거름 때쯤 둥구리에 낫을 넣고선
몽넘 그 밭으로 가봤다 염시개로 꼴 비러 간다카고

길다란 밭 약간 윗쪽에 제법 큰 구덩이가
아가리를 떡 벌리고 있었다 무섭기도 했지만
호기심에 가까이 가보니 구덩이 안쪽 둘레가
아주아주 반질반질했었다

삐까뻔쩍 광이 나는 벽을 손으로 만져도 보았다

신수도 제일의 미장이 울 용십이할배도
이리는 몬 바를긴데
그때 손끝으로 느끼지던 그 매끈하고 기름진
소름이 돋던 기억, 정말 이무기 여 살았던 기가
그건 아직도 풀리지 않은 수수께끼,
몽넘에 뱀이 많기는 했어도

섬사람들이 이무기구덕이라 부르던 그곳에는
왕지렁인가 왕달팽이인가를 키울라꼬
세멘트 브로커로 맹근 건물이 몇십 년을
버텨가며 홀로 낡아가고 있다
이무기 한 마리 살 것 같은 괴괴한 폐허 속에
그런데 이무기는 뭘 먹고 사나
용이 될라카몬 좋은 것만 묵어야 할낀데
이무기가 미끄덩기리는 달팽이는 좋아할라나

귀한 손님들

우리집 화장실 히노끼 욕조에
귀한 손님 두 분이 산다

검스레한 등짝에 발이 네 개
발톱은 날카로워 보이나
위협적이지는 않고
어쩌다 불만이라도 있으면
쉑쉑 잠긴 목소리 가늘게 떨고

밥 주는 이 알아보는지
화장실에 가면 느릿한 몸짓으로 우당탕
작은 눈 굴려가며
긴 목을 쭈욱 빼들고 먹을 게 없나
두리번거리는 이 두 분의 손님들

언제 방생할 거예요
냄새도 나고 청소하기도 힘들고
애교도 없는 걸 키우는 걸 보니

이런 말을 들어도 난 이 손님들
방생할 생각이 아직은 없다

특별 재롱은 없어도 묵묵히 놀고먹는
이 손님들 내게로 온 사연이 있으니
좀 힘들어도 널찍한 등짝에 새겨진
기하학적 무늬만 쳐다봐도
맘이 편하니 어쩌랴

이 또한 지나가리라
이 손님들과의 인연 생각할 뿐이네

섬

얕은 길 물가에서
홀로 앉아 울어가던 섬
신화와 계시는 짙은 안개 속
어두움의 파도
세속으로 떠내려가는 삶에
우리는 모두 섬이 되리니
섬 밖의 섬 섬 안의 섬
아직도 섬은 뜨거운
한낮 일렁인다

꿈속으로나
—몽유도원도

어디쯤 오고 있을까
그대 걸어서 오는 발걸음마다
몽몽한 안개 속 그림자 하나

억만의 시간을 지나
고산준령 바위틈에 스며진 마음
도끼자루 썩히고 싶은 생각이야
너 하나만 아닐 것이다

꿈속으로나 이 세상에 없는 무릉도원
한 폭의 그림 속 들어가 보니
세한의 일들이야 정둘 곳 없어도
도원도 잊지 못함은 너와 나
둘만의 비밀이 아닐 터인데

오늘도 몽유한 꿈 찾아
배접한 그루터기 화첩 사이로
너를 찾아 나선다

거꾸로 매달린 발

아파트 화장실 벽에 거미 한 마리
가녀린 검은 발로 움직여 간다

두 눈 사이로 핀 파릇한 눈동자엔
푸른 하늘 보다 흰 하늘이 지고
얼룩진 천정 벽지 사이로 언뜻 비치는
녹슨 못자국은 누구의 손바닥인가

길게 느리워진 흰 동아줄 한 가닥
간절히 기도하는 어린 남매의 꿈으로 남고
호랑이는 없어도 전설의 동아줄은
누구 앞에나 드리워져 있는데
썩은 동아줄인가 안 썩은 동아줄인가
뉘가 선견으로 어찌 알 수 있으리오

한 마리 벌레도 날아들 수 없는
창문 틈 모서리에 낡은 이마를 붙들고
제법 불룩한 뒷배로 쉼 없이 뽑아내는

언어의 불량품들, 오직 외줄로 매달린 삶은
바람 한 점 없는 이 적막

누구를 기다리는가
이 늦은 밤에 거꾸로 매달린 네 개의 발
그래도 오른다
희망의 벽을 타고 오른다

삼천포*

처음 니가 불릴 땐 모두 기뻐하는 이름이었다
시간이 흐르고 화석같이 굳어져 간 지층 아래
쌓여가는 것은 오독과 오명이었다
하루도 편한 날이 없었다
입에서 입으로 활자에서 전파로
다시 소문으로 전해진 내 이름 석 자는
기피자의 눈물같이 흐린 하늘가
숨기고 싶은 절망, 다시 되돌리고 싶어도
말 덩어리 속 뭉치고 얽혀 헤어날 수 없었다
모두가 숨기고 싶은 이름 아래
회색빛 도시는 그렇게 빛바래어 가고
돌이킬 수 없는 옛 과오는 쇠멍에 한 틀 지고
걸어 오르는 와룡산 산길에 핀 검붉은 진달래
내 이름 같이 울고 있는 삼천포여, 삼천포여 일어나라
아직은 늦었다고 다 늦은 게 아니다
일어나라 내 혈육의 땅 삼천포여

* 잘 나가다 빠진다는 유행어가 있다.

아아들아, 내 아아들아

—폐교된 섬마을학교 총동창회 관람기

올해로 우리 나이가 아흔셋인가 묵었을끼만
우리가 살기도 제북이나 오래 살았구만
그래도 우리가 말을 안 해서 그렇지
누기나 다 오래 살고잡은기 아인가베

온갖 험한 시상을 적거가미
살아온 우리고마 이리 허무하기
문 닫고 팔리간다꼬, 생각하몬 할수록
참 내, 복장 터지게 애나로 억울한기라 마

자슥들이 하나둘이도 아인기고
천몇백 명 그 이상이나 되는긴데
제대로 된 돈약 한 첩 쓸 생각 몬하고
저거 묵을 것 놀 것만 챙기고
문디 그날 본끼로 궁디 흔들며
놀기는 검나 잘 놀던데
그라몬 되것나

이리 문 닫기고 썩어 자빠져가는
부모를 살리볼 궁리는 그리도 몬하고
문디 다이소, 이마트 가몬 천지빼까리
발에 채이는 얄구진 화장지 쪼가리 하나
챙기갈라꼬 눈이 뻘개가지구선
우리가 느거를 그리 가리킷디나
남에 깔꾼에 빠지지 말라꼬
그리 단디하라꼬 일렀디만, 어이구 가심이야

우리가 우째갓고 이 자리에 선긴데
야마다 센세이 눈치보며 한글을 가리킨 곳이고
문선핵교랑 세운기 비스무리한기라
이 섬구석에 그기 말이나 되는기가
그리 억척같이 키우고 가르키 낳더만
지 부모가 언지 팔리갈지
오데로 팔리갈지 뉘긴가 사갈지
고것도 모리는 판국에 목구멍에
그래 밥이고 떡이고 잘 넘어가더나

우리가 말은 이리해도
행사 끝나고난 어제밤에 둘이 이논을 한기라
그래도 자슥들인데 우리가 안챙기몬
뉘가 이 많은 자슥들 챙기고 하겄노 캄서로
못난 자슥도 자슥이고 잘난 자슥도 자슥이니
우리는 느그들 잘되기만을 바란다 아이가
우짜던지 우리는 오데로 팔리가도
살아갈 수야 안 있겠나

참말로 느그들이 걱정이제
아그들아, 내 아그들아
우리 팔리가뿌몬 오데서 놀끼고
내 아그들아

* 이 시는 폐교된 학교를 부모로 가정하고 프란츠 카프카의 변신을 모티브로 했음.

어느 귀향

흰 백로 한 마리
신수도 큰개 매립지 하늘가 위로
상한 울음을 울며 날고 있다
끼루룩 끼루룩 끼루룩, 벌써 몇 바퀴인지

너가 찾는 잔물결 찰랑이며
갈대 우거진 수초들 사이로
개구리들 헤엄치던 여러 개의 큰 웅덩이는
포크레인 삽날에 밀려나 붉은 황토흙 가득하고

너의 귀향을 반겨줄 왱왱거리던 날파리 떼들도
깍다구들도 하루살이도 올챙이 새끼들도
잔챙이 고둥 한 마리도 이젠 모두 사라지고 없다

너 내려앉을 진자리
어느새 마른자리 되어가니 누굴 탓하랴
이게 모두 그놈
모기 떼 때문에 벌어진 일이라는데

이 봄날에

따스한 햇살은
아지랭이 피어나는 밭 언덕을 따라
한 올 한 올 하늘거리는 3월의 한날
모시발꿈 가는 길에 붉은 눈짓 웃음 가득
한그루 매화를 보았네
연분홍 꽃잎은 꿈결인가 아득이나 한데
고운님 찾아가는 꽃술엔 그리운 얼굴들
하나하나 맺혀서 오고
이 봄날에, 그대와 손잡고 신수도 둘레길
걸어나 보오리다

흔들바위

태고의 시간은 우리에겐 아직 낯설고
먼 길 돌아서 온 그대여
손길, 입김, 느낌 닿는 곳 그것이 삶이니
그러니 흔들리지 말지어다
그대가 선 그곳 지금 이 순간에도
역사의 강물은 한 가슴속으로 흐른다

봉식개* 바닷가 그 학교

은빛 파도와 함께 잔 자갈들만이
자그락거리던 봉식개 바닷가에
교육의 장이 열렸으니 신수도 초등학교라

고기잡이로만 일등이던 신수도 사람들
자슥들이 하나같이 공부도 우등하라꼬
없는 살림에도 우찌하던지
핵교로 책보따리 들리 보냈고

한 해 두 해 쌓여갔던 세월이 74회
한 백 년 더 갈 줄 알았는데
오늘 단 한 명의 졸업식
더 이상 학생은 없어도 신수도 초등학교
우리 가슴속 살아있어 천년을 살고 지고

* 신수도 초등학교 마지막 졸업식의 송시.

| 제2부 |

게발선인장

변함없는 너의 붉음이 꽃이다

바깥세상은 한 치 빈틈도 없이 이리도 꽁꽁 얼어가는데
작은 일 하나로 속상한 마음 되어가지 말라고

한 붉은 그리움 같은 붉디붉은 열망 하나
올해도 잊지 않고 찾아온 길 밝은 모습에 웃는다

고맙다 그래서 희망이다

꿈 고래 한 마리

오늘도 흰 꿈결이다

은빛 시그리 아롱거리는
밤 깊어가는 신수도 뒷등으로
등 푸른 꿈 고래 한 마리
어미 고래를 그리며
섬을 찾아 곁들여 온다

아득한 옛날 아직 문자도 없던 그때
추섬 모래밭엔 큰조개와 빗굴이
물속에는 군피와 미역이 웃자라고
섬 어디에나 먹을 것들이
널리고 널렸던 아득함의 시대
가조와 서숙은 온 들판을 가득 메웠고
추섬 모래 언덕에 쌓여갔던 조개껍질 산언덕
돌도끼 하나면 충분했던 섬
원시의 세계 속 신수도
온갖 나무와 꽃이 만발하니 여기가 쉴 낙원이라

〉

자전하는 지구의 속도는 빨라 산업화 시대
돛배에서 디젤엔진의 소리와 함께
근 일천몇백 명의 사람들
여기서 나고 자라나 북적거리던 섬 골목 어귀엔
아이들 웃음소리 끊이질 않았는데
모두들 객지로 떠나고
이제 남은 건 허리 굽은 할바시와 할매들
양지바른 갱문날, 빨강고 파란
프라스틱 의자에 기대어 앉아서
하릴없이 햇살만 한 웅큼씩 먹고 있다

내일도 꿈결인가

무주 가는 길

무주라 구천동 눈 쌓인 이 길로 걸어서 가면
구 씨와 천 씨의 전설 속 이야기는 살아서 숨쉬고……
구 씨 며느리 탐난 토박이 천 씨 불량한 소문을 퍼뜨린다
이주민 구 씨네는 착한 며느리 뺏기게 생겼으니
이러느니 모두 죽자 죽자
눈 오는 깊은 밤 어둠 속 헤메던 암행어사 박문수
밤늦도록 고민하던 불 켜진 구 씨 집 찾아 들어왔다
계십니까, 나그네 하룻밤 쉬어갑시다
그래 죽는 건 죽더라도 손님은……
민심을 살피는데 진심이었던 박문수
구 씨 며느리 밥상을 받으며 혹, 근심거리라도……
자초지종을 들은 박문수 횃불과 등불을 여럿 준비하시오
그길로 천 씨 집으로 들이닥치니
내일 구 씨 며느리 데불고 올 거라
일찍 잠자리에 들었던 천 씨네
암행어사 출두요 야밤에 횃불과 등불이……
모두 속곳바람으로 마당에 엎디고
천 씨 네 이놈, 네 죄를 네가 알렸다

천 씨네는 귀양가게 되고 구 씨네는 착한 며느리 지키니
구 씨와 천 씨의 전설 흰 눈이 쌓인 이 길로
우리네 곁 소복소복 오련다

알배기

부산 다대포 노을이 복닥한 얼굴로 다가오는
아파트숲 건너 작은 골짜기
내 친구가 가꾸는 소꿉살림 같은 남새밭
이거 농약 하나 안치고 키운기라
마이 못주고 두 포기만 뽑아줄끼다
가가서 알배기로 묵으면 맛날기다, 마
씽크대에 배추 한 통 놓고 뿌링개를 자른 후
둥구스레 방디만한 밑동을 쩌억하고 쪼개어 놓으니
노오란 속살이 먹음직하다
속잎파리 한 장 더 걷어내니
배추벌레 한 마리 아직 열심 일하고 있다
아, 미안 내가 니 집을 절단냈구나
봄날같은 아직은 새집인데 우야노 이걸,
뜯겨진 질푸르른 배추 겉잎들 사이로
아스라한 시간을 건너가는 날개 젖은
노랑속대 같은 나비 한 마리
짜개진 배추통 속으로 사라진다
먹을 수 있을까

산길에서

예수리 가는 길 산길에 홀로 핀 꽃이여
있는 듯 없는 듯 보여 오지도 않더니
오늘 이 순간 내 눈에 쏙하고 들어온, 너
홀로 핀 꽃이여 어쩌자고 이제야—
바스락 낙엽 밟는 소리에 저무는 햇살
한 생각의 발걸음만 마음속 걸어서 간다

우야노

신수도에서 젤로 큰 큰개 개구석*에
포크레인 소리 요란하다

저걸 저래 처 덮어뿔몬 개발은 우에하노
누가 저리 하라꼬 했는기가
해양분가 어덴가에서 한다카데
우리 조개밭 저리 몬차삐몬 우야낀데
대체 저거다가 뭘 짓는다 카는데
그 뭐라 펀 뭐라 카던데
와서 놀고 묵고 자고 하는거 뭐라 캣는데
아 맞다 펭생이다
시상에나 그리 할끼 옳나
섬에 와서 묵고 자고 하게 뭐 볼끼 있따꼬
문디 그리 할 일이 업스몬 고메라도 한 뿌리 심어주지
글마들이 하것나, 몬한다 아이가

웅웅거리는 포크레인 큰 집게발 높이 든
신수도 펄떡게 한 마리다

뻘밭에서 한세월 다 보낸 울 할매들
눈물 콧물 한시름들 모다가꼬 찬찬히 덮어간다
짭쪼롬한 푸념 속으로

다아 틀린기라 마
인자 헤비고 들치고도 몬하겄네 마
우야노

* 개구석: 갯벌의 사투리.

나무

헐벗고 주려도 마음자리 하나 변함도 없이
그 푸르름 잊지 않으려

온 힘 다하여 잎잎으로 승화되어 지켜간다
오, 들끓어 타는 세상에서

당랑

담쟁이넝쿨 아직은 짙푸른
아파트 담장 높은 곳에 당랑 한 마리 익어간다
녹색의 허물은 이제 막 벗어 놓고
겉모습이야 더 날카롭게 보일지 모르지만

내 속마음에서 오늘도 일어서며 삐쳐 나오는
입으로 무심코 뱉는 나쁜 생각 속 한마디는
시간의 흐름 속에, 익어 만 가닥 껍질로 벗어지듯
언제쯤 벗겨나 지려나

부표*

천마산 중턱에 앉아서 부지런히
움직이는 개미 한 마리 쳐다보고 있다

어딜 그리 바삐도 가는지
뒤도 안 돌아보고 움직여 간다
너무 열심이라 너무나 열심이라
눈물이 난다

그날도 선생님은 국어책을 펼치시더니
열심으로 칠판에 그려가며
느그들은 절대 배짱이처럼 살면 안돼요
배짱이는 나쁜기라 절대로 나쁜 기라
이리 거지 맹키로 싸매가꼬

갑자기 '선생 김봉두'라는
차승원 주연의 영화제목이 떠오르고
그때 영화 속 선생님이 손으로 가르키던
열심 일하시던 분이 차승원 아버지라는 사실이

〉

내보다 한 살 적은
중학교 내 친구 아버지는 육이오 상이용사로
학교에 근무하고 있었는데
그 친구집에 놀러 갔다가 창문 너머로 들려오는 소리
니는 절대로 내처럼 되몬 안된다 아이가
와 공부를 열심히 안 하는데—

지금 이 한 마리 개미를 보면서
지난 것들이 부표처럼 떠오른다
울 아버지가 니는 뱃놈 되기 틀린기라
내 친구 아버지가
니는 절대로 내처럼 되면 안된다 아이가
아, 이 세상 모든 그 아버지들의 마음을
우째 내가 쪼매라도 알기나 할까

그 친구는 어디서 열심히 잘 살고 있는지

두물머리 연꽃

그렇게 긴 시간을 지나 어둠의 밑바닥
진흙탕에서 삭히고 삭혀진 믿음길 하나

무량한 세월의 기다림에
세한의 물방울 타고 오는, 너

푸르른 격자무늬의 옛 약속
잊지 않고 손잡아 오면

밝디밝은 그 붉은 연민의 사랑으로
피어오르는 아련한 내 마음속

한 송이
두물머리 연꽃

신수도의 추석

휘영청 달은 밝아 잘포리 건너서 오는 기쁨

왠지 모를 희망은 갱문날에 늘어선 뱃머리
깃발 속에 어리디어린 한 가슴 설레게 하면

가난과 빈한, 어려움은 한 발짝에 건너뛸 것 같은
신수도의 추석은, 온 동네 떠나갈 듯 불러오는

유행가 속에 모두의 꿈속 가득 펼쳐 오른다

항구의 아침

한려수도 넘어서 부는 늦겨울 바람은
맵싸르한 손 시림 속에 귓가를 스치는 긴 여운의
뱃고동 소리

뱃전을 나는 갈매기들 울음 따라 나아오는
부지런한 어부들의 힘찬 손놀림 속에서
끌리어 오르는 뻘닻 하나

저 먼 대양으로 나아가 물속 수 없는
꿈을 찾아서 출항, 이제 달려 나가리

항구의 아침은 귀항의 초록빛 희망
웃어오지만 일상은 버릿줄 한 타래 속
한 발 두 발 풀어져 가고
다시 활짝 열려갈 파도의 몸짓을 기다리는
시간 속 사투 하나 그대여
기억하고 기억하라

요강꽃

한 폭 사랑으로 송이송이들
맺혀오는 아름다운 꽃이여

어느 산골 깊은 골짝은 아니더라도
수수한 바람 부는 언덕에 마주 앉아서

꽃향기에 젖어오는 그대 눈동자 속
요강꽃 한 송이 안아 들고 싶어라

교산, 허균을 찾아서

길동이 곧 허균*이라

조선의 개혁가, 허균 강릉 초당길에
그의 여동생 허난설헌과 함께
다시 일어섰으니 허균 허난설헌 기념공원

집 뒤란 바닷바람 불어오는 곳
적송, 푸르른 잎 소나무들은 울울창창 높이 올라
그의 기상으로 힘차게 자라고

길게 늘어선 한옥들 집집의 솟을대문
하나같이 옛모습답게 그 모양 그대로 재현했어도

허균 선생의 깊은 뜻 백성들 위한 마음, 개혁은
땅속 깊은 곳 푸른 민심 타고 붉은 피로 돌아 솟는
그때 그 한때는 진정 언제나 찾아오려나

산다는 것*

한밤에 울리는 휴대폰 문자 알림, 아버님 소천,
요양 병원에 모신지 벌써 5년 8개월
몇 번밖에 찾아뵙지 못했는데 이번 설에는
꼭 가야지, 꼭 가봐야지 산다는 게 무언지

그리 바쁜 생활에 그래도 열 자식들 낳고 키웠는데
아무도 임종을 함께 못함은 죄스런 마음 가득만 하고

아쉽게도 하나님이 주신 120날 다 채우지도 못하시니
육체의 날은 다해도 영원한 그 나라
예수님과 함께 하는 천국의 삶, 이제 누려 가옵소서

* 장인 되시는 이형남 장로님 소천하심에 시를 지어봅니다.

니 엄매 보러 오나

파도에 실려 오는
푸른 기다림 속으로 떠오르는, 섬
언제나 가슴속 품은 그리운 그곳
멀리 보이는 너는 마음 한켠 살아 숨쉰다

물살 가르며 선착장으로 다가온
흰고래 요나*의 물고기로 입 크게 열리면

육지 바람 쐬고 싶은 섬 할마시들 고메 한 조메 실은
유모차 밀고 나서는 발판 사이로 된바람 휭하니 불어오고

뭐할라꼬 오는데
니 엄매 보러 오나
뭔 일이고, 니 자주 오는기다
솜 뭉치 떼미는 입술 사이로 한두 마디씩
던져 오는 말덩어리들

하모예

움매 보러 안옵미까
배실한 웃음 얼굴 너머로 모두들 와글한 굴껍질 같은
까칠한 손등, 아리다

* 성경 요나서, 요나가 3일간 물고기 뱃속에 갇혔다 풀려남.

돌담부랑

어릴 적 동네 울타리
얼기설기 돌담부랑 가득했었네
바람 숭숭 뚫린 돌틈 낮은 돌담부랑 너머로
오가던 투박한 밀징개 접시들

정감은 담부랑 담부랑 쌓이고 서로를 아는 마음들은
구기자 꽃잎 속 피고지던 돌담부랑길
이제는 찾아보기 힘든 숭숭한 틈새 하나 없이
꽉 막혀버린 시멘트 담장 너머
정겹던 담부랑 바람은 넘을 수 없어

수줍은 웃음 가득 담은 얼굴로
이거 좀 묵어보이소
뿐디 넣고 빼때기죽 좀 했다아이가
눈부신 햇살 한 줄기 담부랑 바람 불어오던
그리워지는 오후의 그날이여

* 돌담부랑: 자연석 돌로 쌓은 담벼락의 사투리.

씨앗섬

한 알의 씨앗 날아와 살아가기도 어려운
바위투성이 불모의 땅 씨앗섬

그 누구의 생각 속 호명 하나였는지는 몰라도
오늘 소중한 씨앗의 삶 하나로 살아가는 너와 나

한 그루 나무가 되기 위해 탱탱한 비바람 한 줄
밤 지새운 폭풍우 눈물 한 폭
구부러지고 펼쳐진 하루 또 하루
손바닥 굳은살 박이도록 젓고 저어온 바닷길에서

육지를 바라보는 그리운 마음속 씨앗으로
은하수 물길 따라 돛단배 띄우고 기다려 가보자
희망의 그 씨앗 하나 움터 올 때까지

울 엄매 손맛은

아즉도 지한테는
어무이가 해주는 임석*이 최고 아입미까

무우채를 썰어 즉석 김치를
만들며 어무이와 나누는 대화다

그래 맞다 아이가
섬 시금치 나물 조물조물 해놓으면
느그가 참말로 맛나기 묵었제
인자는 그때만큼은 몬할낀데
아입미다, 그래도 맛낫껩미다

무시채가 너무 굵어싸도 몬쓴다
맛이 금방 안빼이드는기라
얄빈하고 빤듯하기 썰어야 한데이
한석봉 어무이 같은 말투다
자 니는 글을 써봐라 마
내는 일자 무식이라도 칼질은

가만 보니 내가 썰은 무우채는, 온통
이리 빼뚤 저리 빼뚤
바르지 못하고 제멋대로다
울 어무이는 대충하는 거 같은데
모양새가 반듯반듯하다

서리 맞은 가을 무우를 가늘게 채썰고
조선간장, 소금, 고추가루, 생강을 넣고
잘 버무린 후 통깨를 넣어주면
혀끝으로 달쿠리하고 누꾸리한
맛따라 짭쪼롬헌 이 살캉살캉함이여
이거이 조선의 맛이런가

꾸밈없는 이 소박함 따라 입안 가득 스며오는
지나간 시간과 함께 찾아온
울 어무이 손맛, 아직도 살아있으니

* 임석: 음식의 신수도 사투리.

생존의 법칙

삼천포 향촌동 미니 스톱 편의점 앞에
길냥이 한 마리 살고 있다
어떤 자세를 취해야 지나가는 사람들의 관심을
끌어낼 수 있는지를 아는 냥이
편안한 자세로, 릴렉스한
부드러운 눈동자 조는 듯, 그러나
아주 불쌍하게 보이지는 말고 품위는 있게
냥이 주려고 소세지를 살 거라 하니
편의점 알바생, 저쪽 코너에 냥이
밥들이 쭈욱 진열되어 있어요
어라, 이것도 상술의 일종?
아니겠지, 냥이가 젤로 좋아할 것 같은
참치가 들어간 것 한 봉지 집었다
2천원, 벌써 알고는 가르릉,
사뿐히 의자에서 내려온다
많이 해본 익숙한 동작
아, 생존의 법칙을 체득한
위대한 냥이 너에게 한 수 배웠다

| 제3부 |

백일홍

붉게붉게 한 붉게 타오르던 그리움들은
어디론가 하나씩 둘씩 사라져만 가버리고

지난날 그 젊은 청춘의 약속, 이제는
기약할 수도 없는 눈물의 심연

꿈속에 있는 그대여 기다림은 영혼 속의 신전*
다시 찾을 수 없는 그 집 마당엔
백일홍 꽃잎만 흩날려서 가는가

* 폴발레리의 시 「해변의 묘지」에서 인용.

강아지풀

바람이 분다 궂은비 내리고 흐린 길섶
긴 꼬리 늘어뜨리고 고개 숙인
내 마음 같은 풀잎 하나 있다

빗물에 흠뻑 젖어버린 지친 풀떼기 속대궁 사이로
작은 열매 맺힐 솜털은 아직도 푸르고

잊혀져 가는 것은 세월만이 아니다
까맣게 맺혀오는 지난 시간 속
후회의 씨앗들은 기억할 새도 없이
스러져간 그 날들의 무명한 함성

푸짐함도 없이 앙상하게 뼈만 남은
꼬리로 흔들리며 살아온 삶의 노래는
너를, 그래도 강아지풀꽃이라 부르리니
선부른 강아지풀 하나 아스팔트 틈새로
살그렁살그렁 피어나고 있다

소나무

한 생명 태어나면 너의 작은 가지 곁에
숯이랑 고추 함께 묶어, 금줄 대문에 걸어두고

명절엔 송편 잎잎에 물든 입안 가득 너의 향
큰 나무로 자라면 집을 지어
그 안에서 나고 자란 조선 백성들

송진 가루 한 줌으로 아픈 몸 치료하니
너의 유용함이 천지간 제일이라

내리는 빗줄기 타고 소나무 가지 끝
방울방울 매달린 물방울은
흰옷 입던 민족의 눈물 맺힌 하소연 같아

푸른 잎사귀 펼쳐진 사연은 시간이 지나도
너를 찾는 마음이야 변함없이
잔가지 끝으로 묶여서 온다

파도의 선율에

파도는 오늘도
쉼 없는 공연 펼쳐가는 오케스트라의 지휘자

같은 듯 다르게 다른 듯 같아 보이는
화음, 그 변화의 깊은 음미

그 물결에 넘실넘실 잦아들면
상념스런 생각들 모두 사그라드는 은총

지치고 힘든, 삶의 깊음에 묻혀가는 그대여
여기 이 삼천포 항구에서 도선 타고 신수도* 건너
잘포리 가는 길 몽돌밭 갯가에 기대어 앉아

파도의 선율에 귀를 맡기면 마음속 근심 걱정
희디흰 순백으로 말갛게 말갛게
씻기어져 훨훨 날아서 가오리다

무개념

여보, 당신은 도대체 이게 뭐 하는 거이예요
거북이들이 먹지 않는 육포를 건져 와서는
왜 싱크대에다 던져 놨어요
당신은 개념이 없어도 너무 없어요

개념과 무개념의 차이는 시공간을 초월하는 심오한 것
아, 소크라테스와 크산티페여!

플라톤 철학의 깊은 뜻 동굴*의 비유가 여기에 있었네

현실은 거북이 먹이 하나
이 심오한 현생 우주 속, 이데아
나, 어찌 알 수 있었으리오
그대 말 속에 숨겨진 깊은, 함의와
그 순수 의식의 의미를

* 동굴의 비유: 플라톤의 철학의 핵심.

기억하랴, 신수도

파도의 흰 포말은 몽돌 구르는 소리와 함께
왕가산 아래 깊은 여운으로 남겨져 가는 오후
대구동 언덕에서 바라보는 석양은
발짱* 그림자 속으로 지고
잘포리 산비알 묵정밭의 개망초들
바지게, 이고 지고 일구며
흘린 땀방울 기억이나 하려나
고구마 지천으로 심어 한겨울 내 삶아 먹고
쪄먹던, 빼때기의 포실한 단맛은 혓바닥 달달하게 그리운
어머니들 웃음 속으로 피면 신수도 거쳐간 수많은 얼굴들
세월에 묻혀가는 섬의 애환에 딴여 앞 가즉이 붙어오는
거북손들의 얽힘 속으로 하나하나 또 하나
기억이나 되어 올까

* 죽방렴의 사투리.

바람의 거리

밤늦은 삼천포 거리 인적은 드물어 가고
물빛인지 불빛인지 가마우지 울음 같은 눈에 비친
모텔 간판의 조명들만 휘황거리는
노산공원 돌계단 아래
이 거리로 불어오는 천년의 바람* 같은 세상 속
그리움은 보이지 않고 고양이 웃음소리만
가릉가릉 가르릉거리는데
금동판 시비 곁에 앉은 젊은이들
시보다 휴대폰 문자 속으로 깊이깊이 숨어들어 가고
천 년 전에도 시절의 바람은 이렇게 엇불어서 왔을까

*「천년의 바람」: 박재삼 시 제목.

대천 바닷가에서

서해로 넘어온 바람은
큰 하늘의 길 열어오니 여기가 대천이라
만선을 기다리는 포구엔 갈매기는 보이지 않고
서너 척 낡은 배 오후에 묶여 삐거덕거리는 한날
바닷가 언덕 정자 아래서 들어보는
친구의 사랑 이야기는 파도의 출렁거림에 추억으로
아롱지며 황혼지게 솟아오르는데
젊음의 한때 모래밭에 새겨놓은 그 사연들은, 이제
세월의 파도에 씻기어 하나둘씩 사라져 가버려도
우정으로 쌓은 마음 서로를 위한 길로 익어서 가면
대천의 큰 뜻은 여기서 피어나리

몽돌밭에서

내 마음 주머니 속 단단한
뾰족돌 하나 자리하고 있었네
눈에 보여오지는 않았어도
그 뾰족한 돌 들썩이는 소리
나도 모르게 찌르는 말에서
언뜻 비쳐오는 비난의 생각에서
삐뚤어진 화난 행동에서
들려오는 그 말 단 한마디에
나와 너를 찌르고 모두를 찔렀으니
생각의 깊은 파도가 치는 날
신수도 몽돌밭 언덕 올라서니
구르는 몽돌들의 소리 도르르 도르르 돌 돌 돌
내 속의 뾰족함도 저 몽돌처럼
몽돌몽돌 몽글리게 굴리어서
한치의 뾰족함도 찾아볼 수 없는
몽실몽실 몽돌 한 덩어리 되어가려 생각한다면
얼마나 더 오랜 세월로 구르면 될까

부처손

너를 만나러 가는 길은 멀었다
잘포리 바닷가 비렁바위 곁에도
산언덕 자갈돌 버석한 곳에도
묵정밭 옆 양지바른 곳에도
그리 흔하게 보이던 너는 어디로 사라진 거니
겨울에 땔감이 부족하면 한 둥구리씩 걷어와서
불쏘시개 역할 잘도 했던
부처손, 창선 어느 집 마당에서
귀한 대접 받으며 자라니
그때 마구잡이로 대했던 무심한 우리네 손길이
한마음 속 참 부끄럽구나
한때 방송에서 항암약초라고 하니
그 후로는 더 찾아보기 어렵네
이제 다시 신수도로 올 수는 없을까
기다린다 너를 모시밭꿈 언덕에서
해애탕 구덕 위 절벽으로
다시 염시개 비렁바위 벌판까지
넓게 더 넓게 펼쳐서 오이라

변산바람꽃

하늘거리는 바람은 아니어도 좋다
빗방울 들은 날 햇살 한 줄기 아침길로
다가서 온 얼굴엔 함초롬한 미소
살포녁히 웃는 그대여
먼 훗날의 약속은 깊은 뿌리로 묻어두고
흰 모시 적삼 곱게 차려입고 봄길로 가네

밥풀때기꽃*

너를 기다렸다 밥티나무꽃
이렇게 화려한 몸짓으로 피어 올라오려고
매서운 바람 한 폭 한 무데기의 폭설
비바람에 흠뻑 적셔간 지난 날의 아픔은
이제 묻어두고서라도 다시 목마른 그 날의
기억들은 떠오르지 않으리
의혹과 억압 속에도 한 알의 밥알을 위해
굳세게 살아온 나날들 이제 떨쳐 내리라
그래 으깨어져 풀주먹 밥풀떼기가 될지라도
물러서지 않으리 오늘도 밥풀떼기나무엔
연분홍빛 생각들이 모락모락 매달리고 있다

* 박태기나무: 중국 원산, 밥풀떼기나무라고 부르기도 함.

라일락

한 마리 나비 가까이 갈 수도 없는
길모퉁이 한켠 요염하게 핀 너를 보았네
향긋한 내음은 추억 속 깊은 여울로 피고
기다리는 시간 속 그림자는 머나먼 우주의 한끝
은하수 강물 따라 흘러서 가면 라일락,
너의 향기는 연분홍 치맛자락 물들이듯
이 가슴 울리도록 젖어만 온다

칼고기*의 눈물

한 점 먹물도 없는 푸르른 화선지 속 바다는
파도의 물결 속 칼고기 그대 가슴의 한 꿈
아무런 출렁거림도 없는
고요는 생명 없음의 몸부림 하나로 버려지고
갯내음 한 웅큼 펼쳐서 날리던 지느러미로
날카롭게 찔러가던 꼬리의 외침은 나무상자 속
작은 세상에 걷혀버린, 그대
오늘도 눈물 없는 눈으로
비린 세상 바라보는 육지, 칼고기들의 일상은
은빛 눈물 한 방울 맺힐 사이도 없이
흘러만 가고

* 칼고기: 한문으로는 칼도를 써서 도어라 부른다.

흰 목련꽃

4월, 하얀 목련꽃 피어오르면
한 그릇 밥이 먼저 생각난다.
내 어릴 적 신수도의 어느 봄날
할머니는 빼때기죽을 먹으면서도
희디흰 고봉쌀밥 묵던 이야기를
맛깔나게 되풀이하여 말씀하셨지만
흰쌀밥의 그 매끄러운 느낌을 알 수 없었다
아파트 화단에 핀 목련꽃 바라다보며
할머니 이야기 속에 나오던 남해 지족에 논이
그리 많지 않다는 것도 최근에야 알았다.
울 할머니 이야기 속 흰쌀밥은 희망을 꿈꾸며
만들어 내시던 크디큰 의미 하나
지금은 누구나 먹을 수 있는 흔한 것 흰쌀밥
탈북민들이 남한 식당에서 버려지는 것에
고향의 가족들 생각하며 눈물 흘린다지만
저녁, 밥상에 놓이는 한 그릇 밥에
목련 한 송이 울 할머니 얼굴로 피어난다.

친구야

쇠드랑별 가득한 창가에
봄날의 꽃내음 넘실대는 한낮
아지랑이 흔들거려 오는 곁으로
노오란 만들레 한 무데기 피면
친구여 우리는 애오라지
아청빛* 교복 입은 그 시절의
그리운 꿈을 여릿여릿 찾아서
오불고불 함께 가자, 친구여
길경꽃 아련하게 피어나던 그 한날에
수무지개 떠 있는 언덕으로
우리 함께 손잡고 가자
친구야, 내 친구야

향가꾸*

붉은 가슴에 연분홍빛 주단 펼치면
얼어붙은 동토의 땅속
차거운 바람에 깊이깊이 더 웅크린
애절한 눈빛 하나
억센 말뿐세 그림자 사이로
웅얼웅얼 빗대어 오는
혓바닥 끝 낭떠러지 절벽길에
이성의 깨어진 눈물 두레박은
잡을 수 없는 세월만큼
한 방울 두 방울 떨어져 간다
가시 돋친 그 사랑은
다시는 바라볼 수 없는 파도의 숲
물안개 같은 마음길 사이로
손끝 가즉이 닿으려는 아스라한 기다림
그 기다림만 아름다워라

* 엉겅퀴의 사투리.

산다이*

쪼끄만 택대구리 배를 타고 칠팔 명의 장정들이 목숨을 걸고 남해 끝머리 신수도에서 거문도 앞바다까지 파도의 거친 물살 헤치며 고기잡이 갔다 돌아와 육지땅에 발을 디디면 안도의 한숨을 내쉰다

헤엠요, 이번 회기대면 산다이 어떤교? 알았다 마 회기 대고 보자 신수도에 산다이가 정착된 건 영국군의 거문도 주둔과 관계가 있다고 달밤군대*의 저자는 서술한다 선데이에 노는 거, 산다이(산따이)

막걸리 두어 통에 양은 다라이 몇 개로 '이별의 부산정거장' 떼창하듯 악을 쓰면서 불러제끼면 고기가 안 잡혀도, 파도가 목숨들 위협해도 다 잊고 몰입하던 카타르시스

산다이, 신수도 산다이, 귓가를 스치는 황홀경 다 벗어던지고 함께 놀아보고 싶은 산다이, 신수도 산다이

* 선데이에 노는 것에서 유래되었다고 달밤군대,저자는 밝힌다.(전수일)

흰 수건 흔들며

빗방울 듣는 그 날은 내 유년의 첫 육지 나들이었다 택대구리 타고 도착한 삼천포, 할머니 손잡고 난전 구경 풀빵 두어개 먹는 걸로 만족했다

해거름 때쯤, 신수도로 출발했다 나이 어린 신출내기 화장이 키를 잡고, 배에 혼자 남아 댓병소주 홀짝이던 기관쪼*는 이미 만취 상태여서 언체 가즉으니 갈 수 있십미다 화장이 하는 말을 모두 믿었는데, 먹도다이 지나자 택택 태대— 택, 택대구리 소리가 죽었다 배는 해 지는 방향으로 밀려가기 시작했다 이구동성, 땄을 떤지라 땄을— 화장이 자기 키만한 닻을 내리고

비바람은 수구리들지 않는데, 추웠다 우산은 단 한 개도 없었고 고무다라이 뒤집어 쓴 아지매들, 기관쪼를 깨워바라마 택대구리 살리야 될낀데 우야노 화장, 니는 기계 볼 줄 모린다 아이가 하모예 지는 아즉 잘 모립미다 뱃전에 어린아이 할머니 머릿수건 벗겨들고 흔들고 흔드니, 두번 째, 세번 째, 네번 째, 다섯번 째 배가 가까이 왔다 고장입미까, 어데배라예 신수도— 오

신수도 고사리

고사리 같은 손가락들이 까칠한
나무등걸로 변해 갈 때

시간은 영원을 잡아오지 못해도 고사리 검불 닮은
자글한 얼굴엔 해맑은 미소 한가득

누구 엄마로만 불리워져 이름도 가물가물 사라지고
고사리 등같이 굽어버린

자식들 먹이느라 밥 먹을 시간도 잊고 살아온
신두섬으로 시집들 오신 야들한 고사리
새순 같았던 울 울 어무이들

잘포리 언덕배기 밭고랑 가득 신수도 고사리는
내년에도 웃자라 올 텐데

| 제4부 |

출항

황금빛 노을의 길 열리는 늦은 오후의 한날
멀어져가는 것은 푸른 물결의 깊음 속으로
감싸 안으려는 섬 하나

남겨두고 가는 마음이야 어디쯤 가야
잊혀져 가려나

머언 항적 남기고 떠나는 배 뚜— 우,
뱃고동 긴 울림은 다시 오라는 눈물 한 곡조

그대 슬픔 속 아쉬움은 삶의 길섶에서
어느 물길로 흘러가려는가

연목*

어느 산골짝 중턱에나 서 있던 너는
삶의 그림자 하나 깊은 곳 남겨도 못두고
여기 흰 백골로 길게 누워 잠들었구나
거친 껍데기는 일상의 허울로 벗어던지고
옹이같이 맺혀간 사연일랑 누가 기억하려나
너를 다듬어 가던 울 외할아버지
손끝 하나 한숨 하나 기억 속에 묻혀가는
낡은 집 지붕 아래
줄지어 삭아가는 나무들의 무덤
주름진 얼굴들 너머 연푸른 담쟁이 덩쿨만
가득 핀 돌담부랑 길옆
떨어진 동백꽃잎은 아직도 붉다

* 연목: 서까래의 한자어.

삼천포

황홀한 노을햇살 저리도 찬연한 물길 따라
은빛 멸치 떼 몰린 바다엔 족대 가득한 향연
웃어 웃음지어 가도 노산 끝 먹 등대
가녀린 불빛 울럭거리며 파도의 길 열어가는 곳
어디에 내놓아도 빠진 곳 하나 안 보이는
거침없는 자연의 풍광
진작에 한 번 빠져보지도 못하는
허무한 말장난 속, 너는 오늘도
말 없는 눈물만 가득 잘 나가다 빠진다는
잊혀져 가는 벋다리 항구 삼천포

수탉

태백산 농장의 늙은 수탉 흰쌀밥,
왜 흰쌀밥인지 연유는 주인도 설명 안 했지만
이름은 흰쌀밥이라 했다

닭이 세 번 울기 전 나를 부인하리라*
세 번의 닭소리에 통곡하던 베드로는 우리에게 없다
수탉 흰쌀밥은 저리도 목청껏 우는데, 없다

닭모가지를 비틀어도 새벽은 온다*
닭이 울어 새벽이 되었던가
새벽이 되어 닭이 울었던가

새벽을 깨우리로다*는
닭울음 소리와 함께 우리 마음속
진흙탕 뭉치 흘러서 보내는 신선한 파도
아직도 새벽은 깨우지 못한 걸까

계명구도*

누가 가짜 닭울음 소리로 성문을 열었는가
진짜와 가짜도 구분 못하는 파수꾼의 세상에
진정한 파수꾼은 아직도 잠자고 있는가

울어라 흰쌀밥
목청껏 길게 소리 높여 울어라
우리의 가슴속 새벽이 눈떠 오게
울어 울어라

* 누가복음:22장61~62절－베드로.
* 김영삼 대통령이 민주화운동 시절 한 말.
* 김진홍 목사의 저서.
* 제나라 맹상군이 도피 시 가짜 닭울음 소리로 성문을 열었음.

이 아침에 한 슬픔에게

밤새워 영롱한 구름 속 몽실 맺히어 보려다
가슴 한켠 묻어둔 눈물 한두 방울 울어서 울면
떨리는 풀잎 사이 자꾸만 작아지는 짙푸른 그대여

바람은 어제와 오늘의 경계도 없이 살랑거리며
환호의 꽃다발 던지며 웃음 속 돌아 걸어 나가도

그대 기다렸던 꿈 언젠가 이루어질 거라 생각하며
이 아침에 한 슬픔의 그대에게 마음속
위로를 전하는 건 아직도 희망의 불씨 살아있으니

남매탑

호랑이목에 뼈 가시 하나 뽑아준 걸 가지고
보은으로 시집가려는 처녀 태우고 수십 리를 왔으니
함께 살아갈 수밖에 없는 길

계룡산 아래 하늘 구름 맑은 정신 하나
둘이 함께 의남매로 갈아서 갈아서 닦으니
한날한시 죽음의 도 이룩한 그 마음길 결의는
굳건한 전념의 응집체

우람한 남탑과 우아한 매탑
어느 누구나 바라보는 이의 마음엔
뎅 뎅 뎅, 깊은 종소리 울려나오는
전설 속 남매탑

역사

그것이 단 하루아침에, 저절로 이루어졌다고 생각은 마라

우리가 아는 건 페이지 속 활자로만 아는 것일 뿐이다

지극히 짧은 한 줄 문장 속엔 앞서간 이들의 피와 땀 눈물과 한숨 가득 녹아 숨쉬고

그대와 나 살아가는 순간순간의 치열한 삶은 우주 속에 주름살 하나 되어 가리니

편견

이기 누가 이랬노 또 덕이 글마가 이랜기가
틀림없을 끼구마 참말로 몬살끼다
지는 잘 묵지도 안으몬서 이래 헤치노만 우찌할라꼬
햇살이 안 좋아가 하몬재나 마를라 했거만
이일을 우짜몬 좋노 시상에나 시상에나
귀퉁이 찢어진 덕석 너머로 이리저리 흩어져 나딩구는
호박 오가리들 사실은 강생이 복실이가
제풀에 좋아서 이리저리 뛰어서 밟고 그랬는데
눈치도 코치도 없는 고양이 덕이는 오늘도 슬프다
말없이 웅크린 오후

백자항아리

흙에서 태어난, 너는 붉디붉은 모습
하얗게 머물러 두고 말갛게 말갛게 분칠한
흰 얼굴 고운 미소 희디희게
더 희게 그려놓은 너를 빚은
어느 도공의 순박한 마음 하나엔
순백으로 아려 오는 조선의 기품이
흰옷 입은 백성 무명빛으로 걸어 나온다

대봉감

노오란 속살 그렇게 드러내어 놓기엔
어렵게 매끈한 몸매 봉긋하게 솟아난
가끔은 까만점의 무리 한 결로 부딪혀 와도
오직 그대만 바라보는 삶
한맘으로 웃어오는 배시시한 얼굴 너머로
부드러운 감촉의 달콤한 유혹 한 덩어리
그 달디단 맛 단숨에 풍덩 빠져버릴까
오래도록 익어가길 기다리는 몸
세상사 기다림의 꿈 찾아가는 길 하나

갑골*

늘 푸르른 원시의 바다 건너서 오는
하늘 깊은 곳의 빛으로 내일의 운명 찾아보려는
두꺼운 등 너의 껍질은 갑골의 숙명으로 쌓여가고

둥근 몸통 깊숙이 감추어둔 핏속엔 수천 년의 세월 지나도
잊어버릴 수 없는 기억 기원전의 역사로 묻힌 구라량
그 흔적이 슬픈 상형의 노래 한 구절로 불리어지면

이빨도 없는 입 크게 삼키듯 녹여내는 붉은 입술 위로
그림자 속 두 눈 나뉘어져도 한 번 손잡아 본 적 없는
앞발 다섯 발톱의 너 거북이여 손잡고 일어나라, 이제

구지봉 산기슭엔, 온 세계 동이의 모닥불 활활 타고 있다

* 갑골: 은허에서 많이 발굴되는 거북이의 등뼈.

어미새의 노래

불그레한 입술 크게 더 크게
한 입만 달라고 꼬물락거리던 어린 새들
한 뭉티기로 모두 떠나버리고 홀로 남겨둔
쑥쑥해진 빈집에는 허리 더 구부리하고
깃털 빠져 추리해져가는 어미새 한 마리 노래한다
하몬재*나, 하몬재나, 하몬재나—
누가 오나 하고 뒤돌아 바라보는 고개 너머로
흰 아지랑이 속 물동이 이고 지고 오르던
희미해져 가는 시절이여
그 파릇했던 눈동자들이여

* 언제나 올까.

구형 왕릉 앞에서

산청 왕산 아래 구불구불한 산길 따라
골골한 아래로 흐르는 냇물 소리
음습한 응달 한구석 함몰된 왕가의 마지막은
무거운 돌무지 덩어리들의 함성

어두운 그림자 드리운 북편 산기슭
겨울에도 도무지 멈출 줄 모르는 물기는 발바닥
질편하게 흘러 눈물 깊은 역사의 한 페이지로, 울고

그 누가 여기에 왕을 모셨는가
가락국은 남녁 바닷가인데 동북 먼 하늘 바라보며 앉은
일곱 층으로 쌓은 가다듬지 못한 민심
김해 가락국 마지막 왕, 여기에 누웠구나

패자의 하소연을 들어줄, 백성들 하나도 건너올 수 없게
깊은 도랑 건너 외나무다리 돌다리로 바뀌어 가도
멸망의 길 찾아간 왕조의 서글픈 꿈은 어디에서 찾아볼까

그 언덕 포구나무는

노인정 뒷담 비룡엔 한두 마리 황조롱이도 날아오지 않고
서리서리 얽혀가는 드릉칡 덩쿨 틈 사이로 호랑가시나무
뽐내듯 두 손 치켜든 절벽 위 외로운* 포구 나무 두어 그루
수없는 세월 한 바가지 물도 없이
목마른 갈바람 맞아도 지난 시간 인고로 살아온 나날
칼 찬 순사도 보았고 모신나강 소총 든 군인들도 지났었다
국방색 제복 전경대 젊은이들 칼빙총 메고 지키던 곳으로
어린 학동들 제잘거림엔 너도나도 좋았지
파도와 친구하며 살던 그땐 누구도 어찌하지 않았는데
이 문명이라 하는 백주 대낮에 이빨을 숨긴
개 짖는 소리와 함께 온 인간 무리들의 톱날에
비명 한 번 못 지르고 나딩굴어진 포구나무들
아, 부서지는 신두섬의 혼이여 사랑이여
어디서 다시 볼까 그때를 그 푸르른 날의 날갯짓
누가 내 잘린 뿌리의 핏빛 호소를 둥구리에 퍼담아줄낀가
언덕 위에 썩돌들 말이 없다

* 2021년 10월 18일 신수도 바닷가 큰 포구 나무들이 기계톱날에 무참히도 잘려나감.

바람의 나라

그 섬에는 바람의 길이 있다

몽넘 언덕 너머 동쪽골 샛바람* 불어오면
팍신한 고오메 한덩이에 곰삭은 묵은 김치 얹어묵던
울 할매 염시개 비렁밭 대사리 주우며
군담소리, 새야 새야 포랑새야

메엔추 돌아 간들이며 불던 갈바람* 서늘한 저녁
봉식개 해변 아아들 해바리하던 불빛
나의 살던 고향은, 놈실 놈실 웃으면

진끝에 불어오던
앞바람* 갱문날 연안하던 울 아부지
배 밑창 그슬리며 타닥타닥
굴껍질 타는 그 소리 매워 매워서
눈물 젖은 두만강, 한 소절

추섬 끼고 몰아오던 파도의 숲 따라

덴바람*에 도시로 나간 아들내미
하몬재 오나 기다리던 울엄매
고사리밭 비알고랑 사이로 새순 꺾으며
흥얼거리는 노래 한 절
울밑에선 봉선화, 한시름 달래가니

신수도 바람의 나라엔 한 편 시와 함께
내 아련한 꿈속 시린 발 동동 걸어서 가는가

* 샛바람: 동풍.
* 갈바람: 서풍.
* 앞바람: 남풍.
* 덴바람: 북풍.

나이테

너의 지나온 시간들이 참 아득하구나
때론 큰 바람 한 폭 눈서리 된서리
폭풍우에 눈물 몇 바가지
오뉴월 염천 불타오르던 목마름에도
굴하지 않고 울울창창
두 손 높이 치켜들 그날 기다리던 마음엔
쇠톱날의 매서운 흔적 깊은 상처로 남아도
다시 어느집 처마 밑에 자리하여
길게 길게 아주 길게 둥근 셈 헤아려 갈려나

고구마

설푸른 나무 잎사귀들 사이로 늦저녁 싸늘한 소름 속
아슴한 서리결 영롱히 맺히면 사드랑땅 언덕배기 밭에는
온식구 단풍 같은 옷을 입고 고사리손에 이끌리어
같이 나온 괭이며 호미로 흙 두둑 차근히 파내어 간다
왁자한 웃음꽃 피는 비알길 몇 또가리 밭고랑엔
드러난 몸통들 울퉁불퉁 얍실하니
깎아묵기 좋은 녀석들과 한겨울 큰 가마솥에 쪄내면
달큰한 즙에 김 솔솔나는 붉그레한 모습
상상하면 입안에는 벌써 군침이 가득한 오후
새참으로 깎아 묵은 입수부리엔 검은 녹말진 가득 해도
올삼동 요만하몬 안 나것나, 할머니 한마디에
허리들 펴고 바라다보는 아두섬 너머 석양은
붉디붉은 너의 황토빛 얼굴이었다

문절이

갱문날에 문절이가 많았던 시절이 있었다. 니는 그거 아즉 몬매나. 아즉 잘 안됩미더. 이리 줘 봐라 마. 내 하는 거 단디 봐라 마. 딱 함 뿐이다. 내가 주물럭거리던 낚시바늘을 낚아채어 가서는 그 투박한 손으로 쎄미줄 쭈욱 땡겨서 맵시도 있게 묶까 주었다. 갱문날에 문절이 낚으러 갈랍미다. 문절이 별로 맛도 없는 궤긴데 뭐할라꼬 낚을라카노. 동쪽골 아아들캉 같이 쪼매만 하다 오이라. 잘포리 밭에 갈끼다. 니는 낚시 소질도 없닌기 무신, 내가 본께로 니는 뱃놈 되기는 틀린기라. 어린 마음에도 쪼매 서분했다. 왜 저리 말씀하시는, 그때는 몰랐었다 아부지 마음을. 나는 신수도 아아들은 국민학교 마치면 대부분 배 화장으로 당연히 가는 줄 알았으니, 자기는 여기 살 수밖에 없어도 자식만큼은 육지에서 땅 밟고 살아가라는걸. 어떤 삶을 살더라도 아부지하고는 다른 삶을 살아보라 하신 맘을. 지금 창밖에는 태풍으로 큰바람에 비바람은 거세어져 오고 천둥에 번개 우르릉 번쩍하고 울려난다. 남해 바당에도 큰 미가 높겠지. 울 아부지 살아생전 탓던 어느 섬 모가지에서 파도와 비바람에 휘말려 갑바차림의 아부지와 함께 떠다녔을 연안 쓸레끼 낚시 어선 명복호, 명성호, 대길호가 생각난다. 단디하나. 예, 아부지 단디할라꼬 하고 있십미다. 오늘밤엔 아부지가 묶어준 낚시바늘에 걸려 올라오던 문절이 그림만 바라다보인다.

보헤미안 랩소디

오 오 오 이 아 오 노래하라 노래하라
목소리 높여 발을 구르며 외쳐도 보아라
펼쳐진 무대는 프레디 너의 것이니
모두들 열광하며 하나되어 간다
기타와 드럼소리 어우러지는 축제의 현장에서
열정에 사무치는 흥겨움 뛰어오른다, 너는
한 웅큼의 땀과 한 소절의 음악은
마이크를 타고 우리의 혈관 속 넘치듯 흩뿌려진다
보헤미안랩소디 한 편의 영화 속에서 살아온다

|해설|

사물과 상상력을 결속하는 정情의 문학

—김학명의 시세계

이화영 | 시인·문학박사

1. 깊이 모를 사물의 원형을 찾아서

김학명 시인의 시집 『일렁이는 섬』과 상상력을 결속하는 원리로서 서정의 개념을 확장하고 심화시켜 감각과 기억을 유추한다. 삶을 거스르는 생의 기억과 사투리를 쓰는 언어적 감각은 놀라우나 가볍지 않으며 시인 자신을 검색하며 확인에 있음을 보여준다. 이러한 서정시의 자기 회귀성은 사물에 대한 의미 부여와 함께 삶의 국면과 결합하는 은유적 속성을 구현한다. 시인의 개별적 시편들이 이루는 주체의 자기 기억과 표현의 욕망이 이루는 서정의 깊이는, 감각의 구체와 기억의 아득함을 결속한다.

너를 기다렸다 밥티나무꽃
이렇게 화려한 몸짓으로 피어 올라오려고
매서운 바람 한 폭 한 무데기의 폭설
비바람에 흠뻑 적셔간 지난날의 아픔은
이제 묻어두고서라도 다시 목마른 그 날의
기억들은 떠오르지 않으리
이제 떨쳐 내리라
그래 으깨어져 풀주먹 밥풀떼기가 될지라도
물러서지 않으리 오늘도 밥풀떼기나무엔
연분홍빛 생각들이 모락모락 매달리고 있다

—「풀떼기꽃」 전문

아리스토탈레스는 "예술 작품은 더 이상의 모방이 아니라 자연에서 직접적으로 표현된 이념의 모방이다"라고 말했다. 그 과정에서 꽃은 인간의 내면세계를 새롭고 아름답게 창조하는데 있어 유용한 상징물이라 할 수 있다. 꽃은 인간의 마음을 은유적으로 나타낼 수 있는 사물로 추상적 이미지를 탈바꿈 시킬 수 있으며, 생명의 탄생이나 죽음에 비유하여 작품 소재로 등장한다. 단순히 꽃만이 아닌 삶을 이야기하며 꽃을 정신적인 객체로 묘사하고 표현하기도 한다.

김학명의 시는 존재를 가두는 시간의 피막을 벗어나 새로운 시간 의식을 창조해낸다. "너를 기다렸다 밥티나무꽃/이렇게 화려한 몸짓으로 피어 올라" 정체된 시간을 벗어나 시간의 틀을 파괴한다. 이것은 정체된 시간을 거스르는 대변혁의 순간만이 새로운 질서를 생성해낼 수 있기 때문이다. "매서운 바람 한 폭 한 무데기의 폭설/비바람에 흠뻑 적셔간 지난 날"은 생명적이며 존재의 존립을 가능케 하기 위해 혼돈의 시간을 거친 시간의 질서를 보여준다. 밥티나무꽃이 "으깨어져 풀주먹 밥풀떼기가" 되고 "연분홍빛 생각들이 모락모락 매달리"는 '밥풀떼기꽃'이 되기까지의 대립과 충돌을 융화시켜 입체화하고 있다. 이러한 개인적 상징물을 창조하기까지 시인의 뿌리 깊은 농경사회의 정서를 엿볼 수 있다.

그렇게 긴 시간을 지나 어둠의 밑바닥
진흙탕에서 삭히고 삭혀진 믿음길 하나

무량한 세월의 기다림에
세한의 물방울 타고 오는 너

푸르른 격자무늬의 옛 약속
잊지 않고 손잡아 오면

밝디밝은 그 연민의 사랑으로
피어오르는 아련한 내 마음속

한 송이
두물머리 연꽃

—「두물머리 연꽃」 전문

연꽃은 오랜 참음과 기다림이 무르익어야 하는 인고의 세월로 요약된다. 인고의 시간은 또한 새로운 생명을 탄생시키기 위한 분만의 고통을 내포한다. "긴 시간을 지난 어둠의 밑바닥"은 천지가 요동하는 "진흙탕에서 삭혀진 믿음"과 "세한의 물방울"을 견뎌낸 끝에 개화한다. 뙤약볕 아래 꽃봉오리를 적시고 있는 '연꽃'은 고통을 감내하는 자애로움 속에서 전혀 다른 의미의 삶을 확보하게 된다. 그것은 수직적 깊이에 의해 얻어진다. "푸르른 격자무늬의 옛 약속/잊지 않고 손잡아 오면" 아름다운 색으로 어우러져 있는 연밭을 관조할 수 있는 시간이 오는데, 이것은 '어둠의 밑바닥'과 '진흙탕'을 인고할 수 있는 정신의 작용 속에서만이 가능하다.

여름 한철 꽃봉오리를 가지고 있는 연꽃은 가을과 겨울 봄이라는 계절을 견뎌낸 끝에 개화한다. "밝디밝은 그 연민의 사랑"으로 보여지는 은유는 '진흙탕'이 함의하는 '밑바닥', '긴 시간', '삭혀진' 등의 의미와 '무량'이 뜻하는 '내 마음'이라는 다양한 시간의 질을 만들어낸다. 이러한 과정을 지나 "한송이/두물머리 연꽃"은 진흙이라는 심연의 공간에서 우주의 개별적 현상을 하나로 응집시키고 사물과 자아의 내적 교감을 동일화하는 통합적 상상력을 드러내고 있다. 아름다운 개화의 순간은 그냥 얻어지는 것이 아닌 "삭히고 삭혀진 믿음길"이 환기하는 우주적 진통이 "한송이 연꽃"으로 회귀하는 과정을 통해서 이루어진다.

고웁게고웁게 피어 날아서 온다
흰민들레 홀씨 하나
앉을 자리 잘 가려볼 수도 없었지만
갱물 바람 따라 날아서 왔다
남해 창선도에서 날아온 홀씨 하나
신수도 동쪽골에 여섯 홀씨 꽃피워내고
육지로 까분지기 날아간 여섯 홀씨
큰 선창 도선머리 하몬재나
기다리고 기다려도
한 달에 한두 번 올까 말까
아들이 잘 묵는다꼬
갈퀴손에 주물러둔 흰민들레김치 한 통
쐽디쐽아도 익어간다
옴마 니가 꽃이다 흰민들레

—「흰민들레 김치」 전문

식물(꽃)은 인간이 지구상에 생겨나기 훨씬 이전부터 존재하였고, 사람들은 식물을 통해 위안받으며 인간의 삶을 풍요롭게 해 준다고 믿었다. 꽃은 때로는 잃어버린 추억과 소통을 하는 정신적 매개체로서 중요한 의미를 갖는다. 식물들은 그들의 에너지에 영향을 주는 인간의 생각, 분노, 친절, 애정과 같은 모든 감정들에 민감하며, 인간의 행위는 식물 세계에 광범위한 영향을 미친다는 연구 결과가 있다. 민들레는 주위에서 볼 수 있는 그리움이 깃든 삶의 상징적 소재로써 그

어느 오브제보다 다양한 감정을 대변해주는 서민적인 꽃이다. 민들레는 모두에게 열려있고 저마다 형태적인 특징과 존재가치를 지니고 있다.

"험난한 길"은 새로운 세계를 창조하기 위한 필연적 과정이며, 참된 생명에 도달하기 위한 미로에서의 방황이다.(엘리아데) "고웁게고웁게 피어 날아서 온다/흰민들레 홀씨"는 개화 후 죽음으로써 열매를 맺고 씨앗을 남겨 또 다른 생성을 약속한다. 시인은 꽃의 안쪽이 아닌 밖에 존재해 있다. 새로운 무한의 세계 창조의 세계로 들어가기 위해 "갱물 바람 따라/남해 창선도에서/신수도 동쪽골"에서 거대한 우주적 공간 체험이 구체화된다. "한 달에 한두 번 올까 말까/아들이 잘 묵는" 흰 민들레를 통하여 인간과 초목 사이의 유대, 인간과 초목 사이의 존재론적 인과를 표상함으로써 연속적 순환의 연대적 분위기를 나타낸다.

2. 존재론적 기원으로서의 고향

인간은 자신의 고향을 세계의 중심으로 간주하는 경향이 있다.(이푸 투안) 고향은 나고 자란 곳, 삶의 터전으로서의 공간이며 이런 중심성에 대한 감각은 기본방위에 따라 공간 개념에 의해 명확해진다. 건장한 어른들도 순간적으로 어린 시절 느꼈던 포근함 같은 것을 갈구할 때가 있다. 고향은 태어나 처음 접하는 공간으로 직접적이고 친밀한 경험부터 시작하여 차츰 상징적익 개념적인 이해를 필요로한다. 시인에게 존재의 기원이자 토대인 고향 신수도는 어떤 의미인지 살펴보자.

> 파도의 흰 포말은 몽돌 구르는 소리와 함께
> 왕가산 아래 깊은 여운으로 남겨져 가는 오후
> 대구동 언덕에서 바라보는 석양은
> 발짱* 그림자 속으로 지고
> 잘포리 산비알 묵정밭의 개망초들
> 바지게 이고 지고 일구며
> 흘린 땀방울 기억이나 하려나
> 고구마 지천으로 심어 한겨울 내 삶아 먹고
> 쪄먹던 빼때기의 포실한 단맛은 혓바닥 달달하게 그리운
> 어머니들 웃음 속으로 피면 신수도 거쳐간 수많은 얼굴들
> 세월에 묻혀가는 섬의 애환에 딴여 앞 가즉이 불어오는
> 거북손들의 얽힘 속으로 하나하나 또 하나
> 기억이나 되어 올까
>
> —「기억하라, 신수도」 전문

신수도는 경남 사천시의 6개 유인도 중 가장 크고 아름다운 섬이다. 시원한 바닷바람이 맞이하는 몽돌과 몽돌해수욕장과 쪼갠 대나무발로 장막을 둘러놓은 원시어업기법인 '죽방렴'이 이색적이며 최고의 경치를 자랑하는 곳이다. 고향은 인간이 느끼는 가치의 중심이 될 수 있다. 장소와 사건은 우리

가 수동적으로 받아들이는 것이며 새로운 경험이 자극과 포옹에 노출되어 있어 영향을 받기 쉬운 것이다. "파도의 흰 포말은 몽돌 구르는 소리/왕가산 아래" 장소는 추억과 원초적 삶의 공간으로써 고향을 표상하고 있다. 연면한 역사를 이어 온 삶의 터전으로서의 평화로운 고향은 "고구마 지천으로 심어 한 겨울 내 삶아 먹고" 운명에 순응할 줄 아는 순진무구한 사람들이 연대하며 살아가는 삶의 보금자리다. 신수도 사람들은 "잘포리 산비알 묵정밭의 개망초"처럼 인간과 자연이 서로 동화되어 따뜻한 애정으로 만나는 화해의 세계이다.

"바지게 이고 지고 일구며" 가난을 운명처럼 등에 지고 일구며 땀방울 흘리며 무던히 견디어 내는 사람들. "쪄먹던 빼때기의 포실한 단맛은 혓바닥 달달하게 그리운" 현실의 물질적 가난 따위를 초월하여 "어머니들 웃음 속으로" 한 걸음 더 가까이 다가간다. "세월에 묻혀가는 섬의 애환/ 거북손들의 얽힘"을 기억하는 시인은 어린 시절을 보낸 신수도와 지금도 기억의 중추를 이루고 있는 함께했던 얼굴들을 떠올린다.

이러한 순진무구는 신수도 사람들을 고향의 시선으로 바라보아야 하는 근원적 이유를 투명하게 보여준다. 이처럼 고향은 신비한 세계이며 유년기의 추억을 죽음에 드는 날까지 간직하며 잊지 못하는 순수의 세계인 것이다.

신수도에서 젤로 큰 큰개 개구석에
포크레인 소리 요란하다

저걸 저래 처 덮어뿔몬 개발은 우에하노
누가 저리 하라꼬 했는기가
해양분가 어덴가에서 한다카데
우리 조개밭 저리 몬차삐몬 우야낀데
대체 저거다가 뭘 짓는다카는데
그 뭐라 펀 뭐라 카던데
와서 놀고 묵고 자고 하는거 뭐라 캤는데
아 맞다 펭생이다
시상에나 그리 할끼 옳나
섬에 와서 묵고 자고 하게 뭐 볼끼 있따꼬
문디 그리 할 일이 업스몬 고메라도 한 뿌리 심어주지
글마들이 하것나, 몬한다 아이가

웅웅거리는 포크레인 큰 집게발 높이 든
신수도 펄떡게 한 마리다

뻘밭에서 한 세월 다 보낸 울 할매들
눈물 콧물 한시름들 모다가꼬 찬찬히 덮어간다
짭쪼롬한 푸념 속으로

다-틀린기라 마
인자 헤비고 들치고도 몬하것네 마

우야노

—「우야노」 전문

신수도에서 어린 시절을 보낸 시인의 섬에 대한 향수는 갯벌이 가진 풍요로움에 대한 그리움이면서 어린 시절 화자가 있었던 곳에 대한 풍경이기도 하다. 어린 시절의 풍경은 향수의 소재를 일부러 섬에서 구하는 것이 아닌, 어린 시절에 자연스럽게 섬을 경험하게 되면서 형성되는 것이다. 이러한 자연풍경이 개발이라는 이름으로 많이 사라졌다. 옛 자연과 풍경은 현재의 모습에서는 찾아보기 어려운 것들이 많아졌으며, 풍경을 바라보는 개인은 성장하였으나 향수는 개인의 기대치에 미치지 못한다. "신수도에서 젤로 큰 큰개 개구석*에/포크레인 소리 요란"하다. 달라진 고향의 새로운 자본 앞에서 시인은 어찌하지 못하며 '우야노'로 탄식한다.

"저걸 저래 처 덮어 뿔몬 개발은 우에하노" 시인이 향수 속의 고향에만 가치를 부여하고 현실의 도시에 몰가치성을 부여하는 것은 아니다. 도시의 발전과정을 통해 고향의 순수성을 잃었지만 도시는 경제적인 지원과 편리함 등의 발전을 선물한다. 오가는 인적이 사라지고 명절이나 되어야 자식들이 손주를 데리고 와 겨우 얼굴을 보는 현실이 대다수 섬과 농촌의 현실이다. 이렇듯 "우리 조개밭 저리 몬차삐몬 우야낀데"의 근심 속에서 시인은 변화된 공간과 고향을 비교하며 사라진 기억과 변화한 현실 사이에서 혼란을 겪는다.

이러한 혼란 속에서 시인은 발전과 갯벌 사이에 위치하게 된다. 갯벌의 꿈은 시인의 세계이며 이는 경험적 구체성과 '갯벌'을 공유하는 집단의 특질을 구별하는 정체성과 같은 역할을 한다. 시인의 향수는 내면적 의지의 남다른 시선으로 얼굴을 소환하기도하고(「이무기 구덕」), 원시의 세계 속 신수도를 추억(「꿈 고래 한 마리」)하기도 하고, 공간의 기억을 불러내어(「잘포리 바닷가」) 수가 재구성하는 고향의 모습과 그 의미를 살피고 있음을 보여준다.

3. 정 깊은 마음의 현상학

이번 시집에서 김학명 시인은 시인으로서의 자의식을 선명하게 비추어준다. 시인의 작품에 나타나는 자연현상의 생성과 성장, 소멸과 사물의 개체적 존재들은 서로 하나의 전체를 향해 관련되어 있음을 보여준다. 식물과 동물, 무기물을 대상으로 생태계의 관계론적 애정과 평등성이 도출되는 위 시들의 공통된 주제는 생태계 내 존재들의 동등한 관계이다. 유기론적 다양성을 보여주는 그의 시 쓰기를 통해 상호 존중하는 시인의 '정 깊은 마음의 현상'과 예술적 열정을 엿볼 수 있다.

우리집 화장실 히노끼 욕조에
귀한 손님 두 분이 산다

검스레한 등짝에 발이 네 개
발콥은 날카로워 보이나
위협적이지는 않고
어쩌다 불만이라도 있으면
쇅쇅 잠긴 목소리 가늘게 떨고

밥 주는이 알아보는지
화장실에 가면 느릿한 몸짓으로 우당탕

……(중략)

특별 재롱은 없어도 묵묵히 놀고먹는
이 손님들 내게로 온 사연이 있으니
좀 힘들어도 널찍한 등짝에 새겨진
기하학적 무늬만 쳐다봐도
맘이 편하니 어쩌랴
……(하략)

—「귀한 손님들」 전문

김학명 시인의 이번 시집은 인간과 사물의 관계에 대한 '情의 문학'이라고 볼 수 있다. 고향의 향수와 회고를 언급하는 부분에서도 시인의 인간과 자연에 대한 통찰이 담겨 있음을 짐작할 수 있다. 시인의 시는 사물의 이면적 의미를 오래 바라보고 포착하여 표현하는데 힘을 기울인다. 우리가 익히 알고 있듯이 우주의 모든 실체들은 상호 연관된 전체의 한 부분이다. 시인의 눈에는 생명 아닌 것이 없으며 사물의 가치를 수평적 차원에 둠으로써 따듯하고 인상적인 마음의 현상을 보여준다. 시인은 오랫동안 반복하고 축적해온 시·공간의 흐름을 사물과 고향 또는 존재의 기원에 대해 집중적인 형식으로 응축하고 있다.

"우리집 화장실 히노끼 욕조에/귀한 손님 두 분"을 모시는 공간을 상상하는 일은 무척이나 흥미롭다. 위 시에서 "검스레한 등짝에 발이 네 개/발톱은 날카로워 보이나/위협적이지는 않"은 동물은 존재 전환의 순간에 의해 생성된 생명의 등가물이다. "밥 주는이 알아보는지/화장실에 가면 느릿한 몸짓으로 우당탕" 스스로에게 희망을 거는 거북이의 행위는 시인으로 하여금 "기하학적 무늬만 쳐다봐도/맘이 편한" 이타심의 경지에 이르게 한다. 이렇듯 시인의 자연 만물에 대한 사랑의 힘은 이번 시집의 저류를 흐르고 있다.

바람이 분다 궂은 비 내리고 흐린 길섶
긴 꼬리 늘어뜨리고 고개 숙인
내 마음 같은 풀잎 하나 있다

빗물에 흠뻑 젖어버린 지친 풀떼기 속대궁 사이로
작은 열매 맺힐 솜털은 아직도 푸르고

잊혀져 가는 것은 세월만이 아니다
까맣게 맺혀오는 지난 시간 속
후회의 씨앗들은 기억할 새도 없이
스러져간 그 날들의 무명한 함성

푸짐함도 없이 앙상하게 뼈만 남은
꼬리로 흔들리며 살아온 삶의 노래는
너를, 그래도 강아지풀꽃이라 부르리니
섣부른 강아지풀 하나 아스팔트 틈새로
살그렁살그렁 피어나고 있다

—「강아지풀」 전문

제목에서 암시하듯 시인의 이타심은 시편 안에서 발견과 자각의 순간으로 자아를 전환시킨다. 시인이 가지고 있는 기존의 세계는 타자를 받아들임으로써 풍요롭고, 다시 새롭게 창조된다. 김학명의 시에서 미물에 대한 '정情'은 '강아지풀'과 동일한 우주적 개벽의 순간을 요구하는 진통의 과정을 보여준다. "바람이 분다 궂은 비 내리고 흐린 길섶"은 혼돈과 막막한 현실을 한꺼번에 감각화하는 시적 공간이다. "빗풀에 흠뻑 젖어버린 지친 풀떼기 속대궁"은 태동에 대한 동적 인상을 강조하는데 이러한 표현들은 4연에서 "푸짐함도 없이 앙상하게 뼈만 남"아 소멸의 시간으로 가는 시인의 애틋한 감정을 표상하고 있다.

생물체끼리만 소통해서는 극히 미약한 생명현상도 진행되

지 못한다. 동물과 식물의 동시적인 호흡 즉 수분과 햇볕을 비롯한 무기물의 개입이 있어야 가능한 것이다. 지구 생태계는 이미 그 자체로써 완전히 생명력을 갖추고 있는 셈이다. "꼬리로 흔들리며 살아온 삶의 노래/ 너를 그래도 강아지풀 꽃이라 부르리니"는 시적 자아의 내면과의 동일화를 통해서 시인은 사랑에 의한 자아의 내적 변화를 암시하는 것이다. 이는 사랑에 의한 변화와 우주적 변화가 같은 궤도를 돌고 있음을 나타낸다. "아스팔트 틈새로 살그렁살그렁 피어나"는 개화의 기쁨과 "뼈만 남은"시듦의 고통을 치루는 암시는 변화를 치르는 계절의 자연적·우주적 질서와 동일화되어 나타난다.

> 부산 다대포 노을이 목닥한 얼굴로 다가오는
> 아파트숲 건너 작은 골짜기
> 내 친구가 가꾸는 소꿉살림 같은 남새밭
> 이거 농약 하나 안치고 키운기라
> 마이 못주고 두 포기만 뽑아줄끼다
> ……(중략)
>
> 속잎파리 한 장 더 걷어내니
> 배추벌레 한 마리 아직 열심 일하고 있다
> 아, 미안 내가 니 집을 절단냈구나
> 봄날 같은 아직은 새집인데 우야노 이것,
> 뜯겨진 질푸르른 배추 겉잎들 사이로

아스라한 시간을 건너가는 날개 젖은
노랑 속대 같은 나비 한 마리
짜개진 배추통 속으로 사라진다
먹을 수 있을까

—「알배기」 전문

요즘은 채소도 계절에 관계없이 식탁에 배달된다. 알배기의 비유는 봄날 대기가 부풀어 오르는 가벼운 팽창과 상승의 느낌을 환기한다. 사물의 팽창은 곧 이어질 변화를 암시한다. "내 친구가 가꾸는 소꿉살이 같은 남새밭"에서 시인은 알배기 '두 포기'를 얻어온다. "속잎파리 한 장"은 생명의 기운과 활력을 아울러 환기한다. "배추벌레 한 마리"는 여리고 맑고 생명감 넘치는 태동의 이미지와 결합하여 시적 구체성을 확보하고 있다. "봄 날 같은 아직은 새집"을 절단 낸 시인의 눈에 "아스라한 시간을 건너가는 날개 젖은 노랑 속대 같은 나비 한 마리"가 '배추통'속으로 사라진다. 자연 안에 응축되어 있던 힘이 배추통 속으로 날아가는 노랑 속대 같은 나비로 인해 힘이 안으로 팽창되면서 급격한 변화가 이루어지는 때이다. 스스로도 어찌해 볼 수 없는 태동의 힘을 느끼게 하는, 부드럽고 살랑이는 나비의 비유는 시인의 가늠할 수 없는 사랑의 마음과 통합된다. "먹을 수 있을까"라는 이러한 심리적 이미지는 '나비 한 마리'의 작고 온전한 느낌에서 생성된, 시인의 본성에 자리하는 정情 깊은 마음의 현상학이라고 볼 수 있다.

김학명 시인은 사물에 대한 이타심을 통해 사유한다. 시인은 계절의 시간성에 따른 사물의 변화를 통찰함으로써 사랑에 의한 존재 전환의 순간이 우주적 변화의 순간과 동일하다는 인식을 내보이고 있다. 고향을 반추하는 과정에서는 생태계의 파괴에 대한 아쉬움(「우야노」)과, 자연과 인간의 관계와 회복(「기억하라」, 「신수도」)에 대한 아쉬움을 성찰하고 표현한다. 시인은 현대인이 잃고 살아가는 고향의 시공간을 통해 생명체와 소통하며 관계 정립에 기여하며 실천한다. 시인의 시에서 발견한 "세한의 물방울"이나"노랑 속대 같은 나비 한 마리"가 사물과 상상력을 결속하는 지극한 정情의 미학으로 거듭나기를 기원한다.